AF339628

Lb 2704.

MÉMOIRE

SUR LE MOYEN

DE FAIRE FACE AU PAIEMENT

DES TRAVAUX D'UTILITÉ PUBLIQUE VOTÉS PAR LES CHAMBRES, ET D'OPÉRER SIMULTANÉMENT LE REMBOURSEMENT ET LA CONVERSION DES RENTES CINQ POUR CENT EN QUATRE,

CONTENANT

UN PRÉCIS DES STATUTS

D'UNE COMPAGNIE GÉNÉRALE

AGISSANT DANS LE MÊME BUT

AVEC L'AUTORISATION DU GOUVERNEMENT, ET SOUS LA SURVEILLANCE DE SES AGENTS SUPÉRIEURS;

Et suivi d'un mot

SUR L'EMPLOI DES SOLDATS AUX GRANDS TRAVAUX PUBLICS,

Et sur l'avenir des chemins de fer en France,

Adressé

A MM. LES PAIRS DE FRANCE ET A MM. LES DÉPUTÉS

DES DÉPARTEMENTS.

BIBLIOTHÈQUE ROYALE

PARIS, 1837.

IMPRIMERIE DE L. B. THOMASSIN ET COMPAGNIE,

RUE DES BONS ENFANTS, 34.

COPIE DE LA LETTRE

ÉCRITE

A M. le Président du Conseil des Ministres,

En date du 7 novembre 1837.

MONSIEUR LE PRÉSIDENT,

J'ai eu l'honneur d'adresser à V. E. dans le mois de juillet, avant la fin de la dernière session, à l'occasion de la loi sur les travaux publics extraordinaires, la première partie d'un Mémoire destiné à MM. les Pairs et les Députés, et conçu pour rendre praticable l'exécution de ces travaux, en opérant simultanément la conversion des rentes cinq pour cent en quatre. Je la prie de jeter présentement les yeux sur la deuxième partie, ayant trait aux intérêts d'une compagnie agissant dans le même but. Ces deux sujets, avec un mot sur le meilleur emploi des soldats aux grands travaux publics et sur l'avenir des chemins de fer en France, forment l'ensemble de mes vues touchant la matière sur la spécialité de laquelle une commission vient d'être appelée à délibérer sous les yeux de M. le Ministre du commerce.

Par cet envoi ci-joint, M. le comte, je satisfais avec empressement à la pensée que V. E. doit connaître, avant l'impression et la distribution aux Chambres, ce qui est du ressort de la législation du royaume.

Je suis, etc.

Signé :

Bonafoux.

PREMIÈRE PARTIE.

L'argent de tous servait à l'apothéose d'un seul.
(VATOUT, *Description de Versailles.*)
L'argent de tous servira au bien-être de tous.
(*Juillet* 1830.)

MESSIEURS ,

Au moment où le gouvernement propose de créer des ressources pour rendre praticable l'exécution d'immenses travaux d'utilité publique, il y a lieu d'espérer de voir accueillir la communication d'idées sur cet objet important , en offrant la conviction qu'il résulterait de bien précieux avantages de la réalisation du projet de loi qui en découle, puisqu'il serait un gage certain qu'aucun événement politique intérieur n'entraverait la marche des travaux.

L'intention du gouvernement est d'entreprendre, de creuser des canaux , de rendre navigables nos principales rivières et de construire des chemins de fer.

Ces voies rapides de communication, et en même temps économiques pour les voyageurs et les marchandises , sont le plus sûr moyen de niveler le prix de la journée du travail de l'ouvrier avec celui des denrées de première nécessité ; de rendre à l'agriculture une partie considérable de bestiaux de toute espèce, employés maintenant au roulage ; d'où il résulterait évidemment une baisse de prix sur la viande de consommation , sur les laines et les pelleteries , sans pour cela porter la moindre atteinte aux produits de la propriété foncière.

Ces travaux auraient aussi le mérite d'employer une foule considérable d'individus que la cessation du travail industriel laisse trop souvent sans occupation ; ils abandonneraient les grandes ville usont ils sont l'embarras, et où les ennemis de l'ordre les trouvent toujours prêts à les seconder. Le recrutement y puiserait des hommes robustes, et, en cas de provocation de la part de l'étranger., la France aurait à sa disposition, pour défendre ses frontières, des bras nombreux , énergiques et déjà disciplinés par l'habitude de l'ordre et du travail. Il y aurait donc avantage pour tous , à concourir à l'accomplissement des merveilles qui maintiendraient notre belle France au rang qu'elle occupe parmi les nations civilisées.

Le projet de loi qui a passé aux Chambres a pour but de disposer des fonds de l'amortissement des rentes cinq pour cent qui ne seront pas employés au rachat de ces rentes , et de l'excédant des contributions, en faveur des compagnies qui seraient ainsi subventionnés par l'état, lequel se réserve le droit de les rembourser pour faire rentrer ces propriétés dans le domaine public.

Parmi vous, Messieurs, et dans le nombre des hommes aussi bien éclairés sur la matière, plusieurs voudraient que ces ressources fussent préférablement employées au

---

(1) Sa Majesté vient de créer une commission pour examiner les documents relatifs à la matière traitée dans le présent mémoire.

remboursement et à la conversion des rentes cinq pour cent, en quatre ou quatre et demi.

Quand il s'agit d'adopter des moyens pour l'exécution de travaux de longue haleine, il convient de voir s'il ne peut survenir aucune entrave dans leur emploi; d'examiner, par exemple, jusqu'à quel point on peut livrer sans danger à des compagnies le monopole des transports. N'aurait-on pas à craindre que l'intérêt privé ne prévalût dans quelques-unes de ces compagnies sur l'intérêt des masses; que la cupidité n'y fît taire le patriotisme? Ainsi ne leur deviendrait-il pas possible de régler à leur profit, sur les grands points de consommation, le prix des denrées de luxe et même de première nécessité, comme cela existe à Lyon, où le charbon de terre coûte vingt-cinq pour cent de plus, depuis l'établissement du chemin de fer de Saint-Étienne? Et en ce qui touche les grandes lignes de communication projetées pour lier la capitale à la mer et aux frontières, le gouvernement devrait-il laisser à quelques individus la connaissance *condensée* (1) des prix des denrées aux arrivages dans les ports, ou des nouvelles politiques qui peuvent, aux Bourses de Paris, de Bruxelles, de Londres, avoir de l'influence sur la fortune publique et particulière; ces individus feraient-ils pour leur compte un service de malle-poste, d'estafette, de télégraphe?

Il serait donc prudent de ne livrer à la spéculation que la construction de tout ce qui est accessoire à ces travaux, savoir: les bateaux de transport, les locomotives, wagons, etc.; et d'encourager par tous les moyens possibles la concurrence du transport des hommes et des marchandises sur les voies en fer, comme elle existe déjà sur les canaux, les routes, les rivières, à l'avantage en général du commerce et de la consommation, et afin d'éviter les graves inconvénients qui viennent d'être signalés.

Le gouvernement ne percevrait qu'un droit de péage, calculé de manière à ne produire qu'un intérêt environ de quatre pour cent au plus des capitaux employés à la confection de ces grandes voies, non compris les frais d'entretien et de régie.

Ces observations, quoique bien circonscrites, suffiront d'abord, Messieurs, pour vous démontrer que les moyens énoncés dans la loi du précédent ministère, sont incomplets; il peut naître d'ailleurs des circonstances qui obligeraient l'état à rendre à leur destination première les ressources dont il aurait disposé; une suspension momentanée des travaux aurait un résultat déplorable; or, si la situation des choses avait quelque durée, ce serait un dommage immense pour le pays et une imprévoyance impardonnable de la part de l'autorité. La question des subventions qui a été posée, mais non encore résolue par rapport aux chemins de fer, donnerait sans doute aux compagnies, en cas d'adoption, un moyen de réaliser les travaux projetés; mais, en pénétrant un peu avant dans le dédale de la spéculation, on pourrait prévoir que le gouvernement serait privé à jamais de l'avantage de les avoir en propriété, et par conséquent de les régir par lui-même.

Le projet de loi suivant qui vous est soumis, Messieurs, n'a aucun de ces inconvénients, et n'offre aucune difficulté dans son exécution.

---

(1) **Effets de la vapeur comme force motrice.**

LOI CONCERNANT , ETC.

Article premier. Le gouvernement est autorisé à émettre des bons du Trésor jusqu'à concurrence de 800 millions pour être employés exclusivement au paiement des travaux d'utilité publique qui auraient été approuvés par les Chambres.

Art. 2. Cette émission sera faite d'année en année, savoir :

15,000,000 en bons de.	. . . .	150 francs.
16,000,000 *id.*	. . . .	250
30,000,000 *id.*	. . . .	500
40,000,000 *id.*	. . . .	1,000

Ils devront être détachés d'un registre à souches formant plusieurs séries, et seront revêtus de signatures de commissaires spéciaux.

Art. 3. Lesdits bons seront donnés pour leur valeur nominale en paiement des travaux publics; les percepteurs, receveurs des finances et autres comptables des deniers de l'État les recevront comme numéraire en paiement des contributions et autres droits; ils seront tenus de les échanger contre espèces ; tout refus non motivé et non valable entraînerait leur destitution.

Art. 4. Pour assurer le remboursement des 800 millions des bons du Trésor, le gouvernement fournira une annuité de quatre millions chaque année, par chaque cent millions de bons; les annuités seront payables par douzième, à partir du jour où l'émission de chaque cent millions aura lieu. Ces annuités seront capitalisées avec intérêt composé à quatre pour cent pendant trente années , par une remise en une inscription de rente quatre pour cent que le Trésor délivrera à la caisse des annuités.

Art. 5. Chaque fois que le cours des rentes cinq pour cent sera au-dessous du pair, les annuités et les intérêts échus seront employés à l'achat de ces rentes qui , étant ainsi acquises, seront réduites à quatre pour cent.

Art. 6. Les produits des péages établis sur les lignes des travaux entrepris à l'aide des bons du Trésor, et tous les autres droits quelconques ne pourront être comptés que sur le pied d'un revenu net au plus de quatre pour cent des capitaux employés, c'est-à-dire les frais de perception et d'entretien prélevés. Ces produits nets seront versés à la caisse des annuités pour être aussi capitalisés pendant les trente années que doit durer la circulation des bons du Trésor, afin d'être une garantie de plus pour leur remboursement aux porteurs à fin desdites trente années révolues.

Art. 7. Le remboursement se fera en une inscription de rente quatre pour cent au pair pour le capital des bons, ainsi que pour le montant de la prime évaluée à soixante-quinze pour cent prise sur l'excédant qu'offre la capitalisation au choix des porteurs. Les rentes restant à la caisse des annuités, lorsque l'opération sera terminée, seront acquises à l'État.

Art. 8. Les annuités que le Trésor délivrera seront prélevées sur le fonds d'amortissement des rentes cinq pour cent, sans cesser pour cela d'appartenir à ce fonds par le mode indiqué aux articles 4 et 5.

Art. 9. En conséquence, il sera créé une caisse dite des annuités formant section avec celle d'amortissement, celle des dépôts et consignations et d'épargne, placée de même sous la surveillance de commissaires spéciaux et sous la responsabilité ministérielle.

Art. 10 et dernier. Il ne pourra être établi de péages qu'en vertu d'une loi. Le droit de construire les bateaux de transport, locomotives, wagons, appartiendra à tous. Le droit d'effectuer le transport des hommes et des marchandises ne pourra être concédé à aucune compagnie ; il sera livré à la concurrence, à la charge, par les entrepreneurs, de se conformer aux réglements de police et de conservation des travaux.

Le préambule de ce Mémoire a envisagé la loi du côté de la nécessité, de l'opportunité, et sous un jour tout nouveau par rapport au crédit et à la concurrence des transports. Le calcul, Messieurs, vous fera connaître ses résultats auxquels seront ajoutées quelques considérations générales sur la facilité avec laquelle le gouvernement peut mener cette importante opération à bien, en les appuyant sur les convictions d'un de ses organes les plus prompts à manifester ses intentions, le *Journal des Débats*.

D'abord les annuités à quatre pour cent étant capitalisées produiront un capital en rente quatre pour cent de deux milliards, ou 250 pour cent des 800 millions de bons en circulation. Les produits résultant des péages et autres droits, qui auront aussi été capitalisés pendant trente années (1), formeront encore un capital de deux milliards en rente quatre pour cent ; avec ces immenses ressources l'État remboursera les 800 millions de bons, plus la prime de soixante-quinze pour cent qu'ils auront acquise.

La caisse d'amortissement a fourni les annuités, et, par le mode de capitalisation indiqué, les fonds de cette caisse n'auront pas été détournés du rachat des rentes cinq pour cent ; en cas de baisse même de ces rentes, ils auront été puissamment secondés par les capitaux provenant des droits de péage.

La Banque de France, Messieurs, assurerait à ces bons un crédit incontestable et de tous les temps, si elle se chargeait seule de la caisse des annuités sous la surveillance de la caisse d'amortissement ; elle y trouverait de grands avantages par l'emploi de fonds qu'elle a toujours en réserve ; mais le Trésor néanmoins n'a pas besoin de cet auxiliaire ; car, dans aucun cas, il ne pourrait être compromis par l'obligation de rembourser les bons, attendu que ceux d'un an au plus de date auraient déjà acquis une plus value dont les porteurs ne consentiraient pas sans peine à faire le sacrifice, le Trésor ne devant en rembourser que la valeur nominale. Il n'y aurait donc que l'émission de l'année même, et, selon la gravité des circonstances, celle de l'année précédente, pour lesquelles il devrait s'assurer des moyens de remboursement ; mais comment résulterait-il des embarras dans les finances d'un pays où l'on prélève facilement un milliard d'impôt, et où l'on trouve à négocier des bons à trois et demi et quatre pour cent l'année.

---

(1) En ne faisant la capitalisation que tous les ans, au lieu de la faire de six mois en six mois. On voit donc qu'en poussant le calcul dans toute sa rigueur, avec les moyens mensuels dont la caisse peut disposer, qu'on arriverait, dans le même espace de temps, à la conversion du quatre pour cent en trois et demi, et bientôt après en trois, enfin, au remboursement intégral de la dette.

D'ailleurs, il serait à peu près impossible de dépenser, la première année, cent millions en travaux publics. On sait qu'il faut des études et des tracés préliminaires qui demandent du temps, et que les travaux ne se paient entièrement qu'après parfaite exécution. Ainsi donc, quarante millions au plus seraient émis la première année, soixante la seconde ; et enfin l'émission des 800 millions comprendrait dix ans au moins au lieu de huit ; voilà le vrai.

La solidité de ces valeurs est tellement positive à cause du crédit de la France et du profitable usage qu'on en ferait, qu'elles seraient recherchées par les capitalistes, les propriétaires et par les étrangers. Elles auraient la puissance d'arrêter ou du moins de comprimer les mouvements de baisse sur les rentes, et principalement sur les cinq pour cent, puisque les annuités devraient les racheter; elles concourraient, par la conversion indiquée, à alléger les charges de l'État. Ensuite, Messieurs, la prospérité ne peut manquer de s'accroître par le développement même de ces grands travaux et par les 800 millions de valeur représentative du numéraire jetés dans la circulation du commerce, de l'industrie et de l'agriculture.

Ce projet de loi mène évidemment à cette fin d'un si haut intérêt, car il en résulte sommairement :

1° Que les banquiers, les négociants préféreront aux espèces, aux lingots, aux billets de la Banque de France, les bons du Trésor dont la valeur irait toujours en croissant, et qui leur offriraient d'ailleurs des ressources aussi réelles ; que les banques de Paris et celles des places de commerce feraient des avances sur les dépôts de ces bons, et qu'ainsi il n'y aurait plus de fonds sans emploi dans ces grands établissements ;

2° Que la conversion des rentes cinq pour cent en quatre deviendrait praticable sans attirer de plaintes ni faire redouter d'embarras financiers;

3° Qu'à la trentième année révolue la dette actuelle de l'État se trouverait presque éteinte au profit du gouvernement, par le surplus des rentes acquises par la caisse des annuités, après le remboursement des 800 millions des bons du Trésor, et les 600 millions de primes ;

4° Qu'enfin l'exécution de grands travaux d'utilité publique serait assurée ; que leur propriété et leur administration adviendraient à l'État; par conséquent que les ressources de la France, déjà si riche et si puissante en s'agrandissant, répandraient plus abondamment la santé, la force et l'aisance sur la population ; que les capitalistes qui auraient eu confiance dans l'opération verraient leur fortune accrue, et, ce qui a été avant tout bien envisagé, que la classe ouvrière aurait eu long-temps du travail, ainsi qu'un grand nombre de personnes aptes aux emplois publics.

Sous ce rapport, Messieurs, il est déjà à désirer que cette combinaison soit de nature à arrêter vos regards comme elle a obtenu cette faveur au mois de juillet avant la clôture des Chambres, de la part de M. le président du conseil, auquel précédemment à cet envoi complet une première partie très-succinte du sujet a été soumise. A cette époque, la Chambre des députés avait résolu une de ces grandes questions pour M. Duchâtel, en sacrifiant, il faut bien l'avouer, le gage du cinq pour cent ; la Chambre des pairs pouvait suspendre l'admission des vues du ministre ; mais le temps de l'examen lui a sans doute manqué, et nous avons aujourd'hui une loi sur les travaux publics extraordinaires, qu'une nouvelle Chambre des députés et plusieurs nouveaux pairs seront appelés à juger dans sa pratique difficile et ses résultats embarrassants.

Diverses objections peuvent être faites par les hommes versés comme vous dans la connaissance des lois et des sujets qui touchent à l'économie sociale ; mais voici les réponses à faire à ceux qui, ne voulant ni approfondir ni discuter, disent :

« Vous créez des assignats ;

« Vous faites le gouvernement entrepreneur;

« Vous grevez l'avenir de la France.

1° On ne crée pas des assignats, puisque les bons du Trésor ont leur gage dans les travaux exécutés, et leurs produits dans les annuités tirées de la caisse d'amortissement : l'hypothèque est donc donnée en même temps que le prêt a lieu.

2° Par le génie militaire, maritime, celui des ponts-et-chaussées, le service des bateaux à vapeur dans la Méditerranée, la poste, l'imprimerie royale, les Gobelins, Sèvres, le tabac, la poudre, etc., etc., le gouvernement est entrepreneur; quand il aurait encore des canaux et des chemins de fer, il y aurait avantage pour tous, et la condition du rachat, mise dans le cahier des charges des travaux subventionnés de cette nature, prouve bien qu'on y pense.

3° Si l'avenir est grevé définitivement (trente ans), l'avenir est doté des travaux représentatifs des 800 millions, et indéfiniment de leurs produits, puis enfin la dette de la France doit se trouver éteinte.

Une objection sérieuse, et qui est en conséquence de votre ressort, Messieurs, repose sur les produits desdits travaux, ou, ce qui est la même chose, sur les droits de péages à imposer, en outre du prélèvement des frais de perception et d'entretien, sur la capitalisation desquels s'assoeit en partie la conversion des rentes 5 pour cent et la plus value des bons du Trésor ; ce revenu net est fixé à 4 pour cent du prix des travaux exécutés ; mais si ce tarif vous paraissait trop élevé, il peut être réduit à 3, même à 2 1[2, et l'opération offrirait encore toutes les garanties désirables pour le remboursement des bons et leur prime (1).

Bien plus, il serait digne du gouvernement constitutionnel qui nous régit, de ne prélever aucun péage ; le mouvement commercial et industriel en serait plus rapide, plus étendu, et la multiplicité des transactions produirait nécessairement une augmentation remarquable dans les impôts indirects et dans les octrois ; d'où les recettes générales, supérieures aux dépenses, venant par l'application de l'excédant, accélérer l'extinction de la dette et confirmer les avantages précités, qui rattacheront de plus en plus la nation à la liberté, à l'ordre et au monarque.

---

(1) Pour arriver à un rendement proportionné à la mise de fonds, il faut que les travaux en général soient exécutés avec une grande économie. Que faut-il donc en outre dans les travaux du gouvernement confectionnés en vue d'une longue durée, et doués d'un aspect monumental? L'emploi des soldats, parceque leur paie est inférieure, leur temps bien rempli et toujours à propos. Voir la page de la deuxième partie pour la solution du problème.

Jetez les yeux, Messieurs, sur le *Journal des Débats* (30 septembre 1837), vous y verrez tracées à cette occasion les destinées futures de la France : en voici le brillant abrégé :

« La France jouit maintenant d'un de ces moments de calme si rares dans son sein
« depuis un demi-siècle.... Alors il est évident que les intérêts matériels doivent , dans
« les préoccupations du gouvernement , tenir une place plus large que celle qui leur a
« été accordée jusqu'à présent. Et ce n'est pas seulement parce qu'il faut donner un ali-
« ment *à la soif du mouvement dont nous sommes dévorés en France*, un but d'activité
« aux populations inquiètes de nos villes manufacturières ; c'est qu'il s'agit de donner
« un grand exemple à l'Europe qui nous contemple avec anxiété , et d'exercer à notre
« profit , comme à celui de la civilisation tout entière , la haute faculté d'initiative qui
« appartient à notre patrie.

« Parmi les créations les plus propres à faciliter et à hâter les améliorations maté-
« rielles , il faut citer en première ligne les voies de communication par eau et par terre,
« qui aident au contact des hommes et au rapprochement des choses ; ensuite les insti-
« tutions de crédit au moyen desquelles les capitaux se multiplient en circulant avec
« rapidité. Ces institutions se sont propagées en France depuis 1830 , quoique dans le
« mécanisme de nos nouvelles banques on n'ait pas toujours mis à profit les indica-
« tions de la science économique la plus avancée, et l'expérience acquise à grands frais
« par l'Angleterre et l'Amérique , et quoique l'on ait rien fait pour étendre les bénéfi-
« ces à *l'industrie qui en France souffre le plus du manque de capitaux, ainsi qu'à*
« *l'agriculture qui occupe vingt-cinq millions d'individus.*

« Tout est mûr, et les choses et les hommes, pour un vaste développement des voies
« de communication ; partout l'esprit public a adopté ce moyen puissant d'amélioration.
« De toutes parts l'élan est donné. Les conseils généraux des départements et les con-
« seils municipaux sont animés sur ce point du même zèle que la Chambre des députés
« et le gouvernement.

« De tous côtés les fonds sont votés avec ardeur , je dirais volontiers avec enthou-
« siasme. Nous possédons un corps de cinq cents ingénieurs non moins distingués par
« leur expérience que par leurs connaissances théoriques ; et la loi de M. *Duchâtel sur*
« *les travaux publics extraordinaires fournira amplement désormais toutes les sommes*
« *nécessaires* pour sillonner le pays de routes, de canaux et de chemins de fer. Encore
« une fois , tout est prêt pour que le perfectionnement de la viabilité du territoire par
« eau et par terre prenne le plus rapide essor. Tout autorise à penser qu'à la session
« prochaine nous verrons se produire *un vaste plan d'ensemble et de détail* , traçant la
« marche que le gouvernement se propose de suivre pour féconder ainsi le sol de la
« France, définitivement pacifié. »

Ce prolégomène est suivi (1) d'une esquisse rapide des travaux publics, dont les besoins actuels du pays nécessitent la prompte entreprise; ce n'est à vrai dire, Messieurs, que
la reproduction des opinions et des vues que la plupart d'entre vous ont émises dans les

---

(1) Voir les feuilles du 3 octobre, 11 et suivantes.

divers conseils où vous avez plaidé les intérêts de vos localités. Cependant remarquez que le rédacteur y signale l'industrie et l'agriculture comme manquant le plus de capitaux, sans rien dire de la mesure ayant trait à la conversion des rentes cinq pour cent, susceptible de reverser immédiatement des capitaux sur ces deux branches de l'économie; qu'il fait porter sur la loi Duchâtel toute la prospérité à venir du pays, en taisant le danger de la suspension des travaux, par suite d'un retour forcé des fonds d'amortissement vers la rente (1); et enfin, regardant comme incomplet ce qui a été fait, le *Journal des Débats* pense *qu'à la session prochaine nous verrons à cet égard se produire un vaste plan d'ensemble et de détail.*

C'est dans une attente si belle que ces matériaux ont été préparés, dans l'espérance, Messieurs, que vous ne les trouverez pas indignes d'être offerts à votre examen avec ceux annoncés; ils sont accompagnés ci-après d'un précis de statuts d'une compagnie générale pouvant être substituée à l'action directe du gouvernement dans les mêmes opérations, avec les garanties et les restrictions qu'exige l'importance de l'entreprise; suivis de considérations résolvant la manière d'utiliser les soldats dans l'exécution des grands travaux, et d'un mot sur l'avenir des chemins de fer en France.

DEUXIÈME PARTIE.

> Les Ministres qui proposent des lois dans des intérêts généraux, et qui ne consultent que la politique ou la volonté du maître, trahissent l'Etat. Pour satisfaire l'intérêt général il faut indiquer clairement les moyens et les proportionner à cet intérêt : le temps entre pour beaucoup dans la proportion. Il faut que le levier soit en rapport avec la masse et que la main soit en rapport avec le levier. (BLACKSTONE.)

La crise commerciale américaine, l'intention d'y remédier et d'en empêcher le retour; l'état des choses en ce pays, si bien expliqué par les adieux du président déchu et par le manifeste du président au pouvoir, peut faire naître aussi chez nous l'idée que déjà il y a trop de papiers-monnaie en circulation, soit de la part du gouvernement, soit des banques dont le nombre augmente chaque jour, soit des compagnies, et que, quoi-

---

(1) Ce retour dépend, à la vérité, de circonstances politiques fâcheuses; d'une série de mauvaises récoltes; d'une grande crise commerciale, etc., mais le projet dont il s'agit ici ne laisse rien à craindre pour les suites d'une telle panique; en effet, si une de ces grandes catastrophes arrivait, la rente de cinq pour cent baisserait au dessous du pair, et cette circonstance, favorisant le placement des annuités, augmenterait le fonds des rentes de la caisse des annuités, et hâterait par conséquent l'extinction de la dette, sans ôter an gouvernement, ni à la compagnie, qui disposent d'autres bonnes valeurs, les moyens de poursuivre l'achèvement des travaux.

que l'industrie en France ait marché lentement comparativement, il y ait peut-être lieu sur ce point de modérer son allure. Le projet de loi que vous venez de lire tend précisément, Messieurs, à modifier l'esprit d'entreprises et à remplacer en partie des actions industrielles incertaines dans leurs produits par des effets ayant une valeur intrinsèque, et, qui plus est, croissante. Il renferme l'idée neuve, et, selon M. le président du conseil, « *l'idée ingénieuse* » de rattacher à l'exécution des travaux publics extraordinaires le remboursement et la conversion des rentes cinq pour cent d'une manière lente, impartiale, et par conséquent conforme à l'esprit de conciliation du gouvernement actuel.

Les grandes entreprises que le gouvernement exécute par lui-même ont été énumérées ; celles dont les compagnies sont chargées, sous la surveillance de ses ingénieurs, sont connues, et il est inutile de nommer le chemin de plaisance de Saint-Germain. Mais, d'après la loi adoptée, jamais il n'a été en vue d'aussi grands travaux à la fois, surtout d'aussi importants que les grandes voies en fer, et, comme porte l'article du journal cité : « Jamais la soif des améliorations ne nous a autant dévoré. » A un grand besoin il faut donc accorder de grands moyens : placer pour ainsi dire les entreprises diverses d'utilité urgente dans un même cadre, de manière qu'elles marchent de front par un seul commandement, qu'elles n'éprouvent ni vacillation, ni retards, ni entraves dans leurs rapports financiers et administratifs, afin qu'elles arrivent toutes au but dans le temps prescrit. Ce mode d'exécution répond à la question : le gouvernement doit-il, dans l'intérêt du pays, faire exécuter directement les travaux par ses agents ? qui vient d'être traitée et qui donne le moyen de faire bientôt disparaître de la circulation beaucoup de divers papiers-monnaie pour faire place à un seul : « *les bons du Trésor.* »

La seconde question qui reste à poser est celle-ci :

Le gouvernement doit-il faire exécuter les travaux par une seule compagnie sous la surveillance de ses agents ?

Ce mode présenterait un résultat presque entièrement identique au premier en adoptant, Messieurs, les bases qui suivent :

PRÉCIS DES STATUTS D'UNE COMPAGNIE GÉNÉRALE

AYANT L'ENTREPRISE DES TRAVAUX EXTRAORDINAIRES D'UTILITÉ PUBLIQUE, AVEC L'AUTORISATION DU GOUVERNEMENT, SOUS LA DIRECTION ET LA SURVEILLANCE DE SES AGENTS PRINCIPAUX.

ART. 1er. La compagnie opèrera, avec l'autorisation du gouvernement, au moyen d'un fonds social de 800 millions par actions de 1,000 fr., représentées par une inscription de 50 fr. de rente 5 pour cent. Ces actions seront insaisissables dans le capital, intérêt et dividende ; elles seront nominatives ou au porteur, négociables et transférables par le ministère des agents de change et des notaires.

ART. 2. Les rentes 5 pour cent représentant les 800 millions seront transférées à la

BIBLIOTHÈQUE ROYALE

1

Banque de France , d'après une délibération du conseil d'administration, approuvée du ministre des finances.

Art. 3. La compagnie ne pourra faire d'autres opérations que l'exécution des travaux publics autorisée par les Chambres , et sous la direction des ingénieurs du gouvernement.

Art. 4. Pour le paiement desdits travaux, la compagnie émettra des billets de 150 , 250 , 500 et 1,000 fr. , qui seront reçus pour leur valeur nominale et sans frais dans les caisses de l'Etat, en paiement des contributions et de tous autres droits , et enfin échangées contre espèces : ces billets seront détachés d'un double registre, et signés par un délégué du ministre des finances.

Art. 5. Il ne sera émis de billets que pour la quotité des travaux exécutés. La compagnie sera tenue de retirer les billets des caisses du Trésor contre espèces, sur la demande du ministre , à Paris seulement.

Art. 6. Chaque émission de billets aura trente années de circulation ; après la trentième année révolue, la compagnie les remboursera aux porteurs en espèces ou en inscription de rente 4 pour cent au pair, à leur choix, plus une prime de 90 pour cent de la valeur nominale ; elle ne sera tenue au remboursement de ladite prime qu'en 4 pour cent au pair.

Art. 7. Le gouvernement paiera une annuité de 6 pour cent (1) par douzième, pendant trente ans, du montant des billets émis, à compter du jour de l'émission. Ce paiement aura lieu au moyen des fonds d'amortissement du 5 pour cent, et s'effectuera dans la caisse de la compagnie , laquelle sera régie comme la caisse d'amortissement, c'est-à-dire placée sous la haute surveillance du ministre et sous celle des pairs et députés délégués des Chambres.

Art. 8. La compagnie tiendra les fonds d'annuités à la disposition du ministre tant que les rentes 5 pour cent seront au-dessus du pair, et dans le cas où ces rentes baisseraient au-dessous, la compagnie sera tenue d'employer ces fonds au rachat desdites rentes. Ces rentes seront converties à l'instant en rente 4 pour cent, quel que soit le cours auquel elles auront été acquises au-dessous du pair, et réintégrées dans la caisse de la compagnie.

Si les fonds des annuités n'étaient demandés ni par le ministre, ni employés au rachat forcé des rentes, comme il vient d'être stipulé, la compagnie en disposerait pour l'achat des rentes cinq pour cent, pourvu que ces fonds rapportassent au moins quatre pour cent à la caisse.

(La compagnie, par cette dernière opération, accomplira nécessairement, pendant trente années, à intérêt composé, la capitalisation des annuités de chaque série de billets en émission.)

Art. 9. Dans le cas où la compagnie aurait besoin de l'autorisation du ministre pour la vente des rentes du fonds social, afin de retirer contre espèces des billets

---

(1) Les droits de péages acquis à l'état arrivent en diminution du taux de cette annuité.

des caisses du Trésor, elle ne pourra lui être refusée pour le montant desdits billets à retirer.

Art. 10. Les actionnaires recevront un intérêt de quatre pour cent payés tous les six mois pendant la durée de la compagnie.

Art. 11. MM. les pairs et les députés surveillants feront, chaque session, aux Chambres, un rapport sur l'objet de leur mandat, et tous les six mois la compagnie publiera, par la voie du *Moniteur*, l'exposé général de ses opérations et la situation de sa caisse.

Art. 12. Les rentes cinq pour cent formant le fonds social de la compagnie seront rendues aux actionnaires, la trentième année, en quatre pour cent au capital de 100 francs, ou en cinq pour cent au même capital, si cette rente se trouvait au-dessous du pair.

Art. 13 et dernier. Tous les travaux seront la propriété de l'État, par l'effet du paiement de l'annuité. Il ne pourra être établi de péages qu'en vertu d'une loi. Le droit de construire les bateaux de transport, locomotives, wagons, etc., appartiendra à tous. Le droit d'effectuer le transport des hommes et des marchandises ne pourra être la propriété exclusive de la compagnie ; il sera livré à la concurrence, à la charge, par tous les entrepreneurs, de se conformer aux réglements de police et de conservation des travaux.

MODE DE LIQUIDATION DE LADITE COMPAGNIE.

Il résulterait, Messieurs, de cette combinaison que les six pour cent d'annuités capitalisés pendant trente années à intérêt composé, sans tenir compte des baisses que le cinq pour cent peut éprouver dans ce laps de temps (baisse qui permettrait de capitaliser à plus de quatre), un avoir de trois milliards, duquel il faut distraire les 800 millions de billets avec leur prime. Or, en supposant le quatre pour cent au pair, ce remboursement effectué, il resterait à la compagnie un capital en rente quatre pour cent d'un milliard quatre cent quatre-vingt millions, donnant un dividende à chaque action de cent quatre-vingt-cinq pour cent.

Comme les actionnaires n'auraient reçu que quatre pour cent d'intérêt, et que les fonds desdites actions seraient une rente cinq pour cent, l'intérêt du cinquième du fonds social aurait été mis en réserve.

Si l'on supposait que la compagnie eût été forcée d'employer ce cinquième à retirer les billets des nouvelles émissions des caisses du Trésor, ce qui n'est pas présumable, à cause de la prime finale qu'ils comportent ; toutefois, s'il en était ainsi, les intérêts de ce cinquième du fonds social auraient produit la prime desdits billets ; or, le cinquième de 800 millions, les rentes au pair, donnerait 160 millions de billets que la caisse de la compagnie aurait au moment de sa liquidation, portant 90 pour cent de prime formant 146 millions en rente quatre pour cent.

Cet avoir incontestable de 146 millions, provenant des primes, permettrait, Messieurs , de prélever au moins *trente mille actions bénéficiaires*, qui seraient affectées d'avance à récompenser les services rendus à la compagnie , et, en outre, il servirait :

1° A assurer un intérêt de deux pour cent à ces actions, à compter du jour de leur émission, mais qui, dans aucun cas, ne pourra avoir lieu que la cinquième année de la formation de ladite compagnie.

2° A former leur capital et un dividende égal au capital lors de la liquidation de la Société.

3° A payer les frais d'administration : personnel et matériel.

4° Le surplus restant des 146 millions , à faire la part des actionnaires fondateurs.

Les avantages pécuniaires du gouvernement, c'est-à-dire du corps social au terme de l'opération, seraient :

La réduction des rentes cinq pour cent en quatre , dans la moyenne de quinze années.

L'extinction presque totale de la dette flottante.

Enfin la propriété des travaux avec un péage net de deux pour cent qui réduit ainsi l'annuité demandée de six pour cent à quatre, ou point de péage, autre que pour couvrir les frais de perception et d'entretien ; mesure dont la haute portée a été signalée.

CONCLUSION.

Vous remarquerez, Messieurs, qu'en autorisant des compagnies partielles, comme il en est question, avec la pensée de faire entrer plus tard dans le domaine public les grandes voies exécutées par ce mode ; le gouvernement n'atteindra pas entièrement le vrai but, comme cela se présente dans l'un ou l'autre des projets mis sous vos yeux. Les articles 10 du projet de loi et 13 des statuts prévoient les inconvénients du monopole des compagnies, en laissant à la concurrence des particuliers les transports des personnes et des marchandises sur tous les points. Le gouvernement reste maître de la direction du service, pouvant ainsi remédier aux cas imprévus à mesure qu'il s'en présente , au lieu d'être lié par les stipulations d'un cahier des charges irrévocablement arrêté. La conversion des rentes cinq pour cent et l'extinction de la dette flottante sont des mesures que la grande majorité d'entre vous a réclamées tout récemment dans l'intérêt à la fois du travail et de la conscience publique.

Votre souhait de chaque année, Messieurs, d'accord avec celui de vos commettants et celui de toute la France, n'est-il pas que le budget de l'état présente enfin ses dépenses au-dessous de ses recettes ; que l'excédant , toujours accru par de judicieuses économies, et l'émulation excitée dans les entreprises profitables, soit employé au paiement de ses dettes sous toutes les dénominations. Ce vœu n'est-il pas aussi qu'un plus grand bien-être soit réparti graduellement sur la population ? Vous avez encore le paupérisme à extirper par des institutions durables. Saisissez-en le moyen ; après le paiement des dettes viennent même les largesses !

Cette vaste opération, n'en doutez pas, attirerait à elle les réserves des banques et tous les petits capitaux épars, parce que les individus, portés à aider les entreprises utiles, trouveraient dans la bonne administration d'une compagnie autorisée par le gouvernement, et n'agissant jamais sans lui, sûreté et certitude de profit. Elle satisferait la noble ambition des grands spéculateurs, tout en servant d'égide aux petits contre les tentatives hasardées ; et, bien que les avantages qu'elle donne soient éloignés, le porteur d'actions, dès la seconde année, verra dans un avenir assuré l'établissement de sa fortune ou celle de ses enfants. Une telle Compagnie certes, mise en présence des plus grandes sociétés financières existantes présentement en France, celles-ci ne pourraient soutenir le parallèle ni dans le but ni dans la forme ; libre à elles, d'ailleurs, de s'y adjoindre pour en recueillir les fruits et en faire jouir leurs intéressés. Notez bien encore, Messieurs, qu'il n'est pas question de recourir aux subventions en espèces, au moyen desquelles les actions peuvent acquérir d'avance une valeur que l'agiotage exagère toujours ; dans ce cas, de grands bénéfices sur le rendement des ouvrages sont annoncés, prônés ; mais l'expérience prouve jusqu'à présent partout que les actionnaires ne reçoivent qu'un intérêt minime de leurs fonds ; c'est donc d'une autre combinaison qu'il faut attendre de sûrs et de légitimes profits.

Ce mouvement des actions industrielles aux bourses des principales villes de l'Europe, qu'on pourrait appeler « *inconséquent* », vient de fixer pourtant l'attention du gouvernement anglais, qui se propose d'examiner prochainement si la législation ne peut pas fournir le moyen d'intéresser, d'une manière assez solide, les bailleurs de fonds pour rester dans les entreprises utiles qu'ils ont fondées. Comment les gouvernements trouveraient-ils le moyen d'anoblir un citoyen dont les talents, les veilles et la fortune auraient été consacrés, comme au Languedoc, dans quelques comtés d'Angleterre, à Moscou (1), à l'exécution de travaux d'où dépend la richesse de ses compatriotes, lorsque tout tend désormais au succès par la spéculation ! Que · t marche par un éditeur responsable !

Dans ce projet qui embrasse les lieux et le temps, les moyens et la fin, le mode de capitalisation des annuités et des droits de péages, en assurant le remboursement du capital, ainsi que sa prime, donnerait évidemment pour résultat l'avantage désiré de conserver incessamment les porteurs d'actions qui auraient fondé et constitué la compagnie ; un grand but serait atteint, ce qui est la même chose, un grand bienfait serait consommé ; et celui qui y aurait contribué le plus et le mieux, ministre ou directeur, ingénieux inventeur ou habile praticien, devrait à bon droit compter sur la reconnaissance de son pays et la munificence du souverain. En Belgique, Messieurs, où la sagesse est mise ordinairement en pratique, une association, mesurant d'un seul coup les avantages résul-

---

(1) Les Caraman, Bridgewater, Sabakim.

lant d'une large opération, se présente avec des capitaux proportionnés à l'étendue du pays, à l'importance des ouvrages et à l'impulsion à donner à leur exécution; cette proportion est pour la France de 80 millions par an ; c'est tout juste celle indiquée par ce travail, puisqu'il y est démontré qu'en fait, l'émission de 800 millions de valeurs ne peut être effectuée qu'en dix années et non en huit.

Les chambres ont très bien fait de se hâter de voter, dans la dernière session, les lois relatives à la construction des chemins de fer, soumissionnés par de petites compagnies et dans des intérêts purement de localités, en supposant toutefois qu'on ait fait disparaître du cahier des charges les inconvénients qui ont été signalés à l'égard de Lyon.

Mais la France attend encore de grandes lignes de communication, liant sa capitale à la mer et aux frontières ; dans leur établissement, le gouvernement ne doit pas tenir compte des intérêts des localités ; il construit ces voies pour le plus grand avantage de tous. Ainsi les ingénieurs doivent, dans leurs tracés, approcher le plus possible de la ligne droite, comme ils sont forcés de se tenir le plus près possible du niveau, entre les points de départ et les aboutissants; ils ne doivent pas s'écarter de cette belle définition de la vapeur, comme force motrice, qui est leur véhicule :

« La vapeur est la condensation du temps et de la distance. »

Il viendra sans doute un temps où les constructeurs des machines, devenus de plus en plus habiles et hardis dans leurs travaux, arriveront soit à simplifier le mécanisme des locomotives, soit à en diminuer le volume et le poids tout en en augmentant la force, comme déjà l'indique la science dans son côté théorique. Cette espérance ne fait qu'augmenter l'intérêt qu'on a à voir ces voies principales exécutées sous la direction du gouvernement ; il laisserait la construction des attaches diverses aux entreprises, et, dans bien des cas, il les prendrait à sa charge pour employer les nombreuses valeurs mises à sa disposition ou à celle d'une compagnie générale.

Et, Messieurs, on peut entrevoir que le transport des hommes et des marchandises par le mode en question est presque aussi important que la navigation maritime militaire et marchande; qu'à côté du cabotage, pour ainsi dire, à faciliter entre les villes et ces grandes lignes directes, il y a un service intéressant au plus haut point à exécuter pour l'état, savoir : le transport de troupes, de munitions et d'argent : celui d'estafette et des malles-postes ; or, pourquoi ne pas faire, au début de cette belle invention, l'application des connaissances qu'on possède dans les autres parties ?

Cette application, Messieurs, consisterait à désigner ces grandes voies directes sous l'application de voies royales : de là vous concluez que leur surveillance, leur entretien et même leur défense devraient être confiés à des hommes d'une capacité éprouvée

---

(1) On a déjà l'exemple, par le service des bateaux à vapeur de la Méditerranée, que des officiers appartenant à la marine militaire ont passé sous l'administration du ministre des finances; que des officiers supérieurs de l'armée sont aux ordres du ministre des relations extérieures. Dans le cas ci-dessus, les officiers du génie, chargés de la direction des transports à la vapeur par les voies royales en fer, passeraient sous l'administration du ministre des travaux publics et du commerce.

depuis longtemps, entretenue par le goût des études sérieuses et la pratique des réglements. Ainsi du génie civil ces travaux passeraient aux mains du génie militaire? Les officiers de cette arme ayant déjà à leur disposition et sous leur commandement des compagnies d'ouvriers (1) seraient à même de bien faire les travaux d'entretien de ces voies; ils déploieraient dans la conduite de ce service plus d'énergie et d'entendement d'ordre que ne pourraient le faire les ingénieurs des ponts et chaussées ou des mines, que le travail du cabinet absorbe. Cette partie des services publics acquerrait donc ainsi un degré d'importance de plus; les entrepreneurs des transports seraient assurés d'y avoir protection pour le passage ou l'admission de leurs convois. La douane y trouverait souvent un appui nécessaire pour sa spécialité (2); tout marcherait enfin avec sécurité par le génie militaire devenu le génie de la paix et de l'abondance, sans la présence de préposés ou d'autres agents qui augmentent les dépenses journalières, et dont la vigilance, manquant d'aptitude, ne répondrait pas à l'exigence des circonstances (3).

En prenant pour exemple l'existence d'une ligne directe allant de Paris à Strasbourg, et à l'occasion de l'échauffourée d'une portion, quoique faible, de la garnison de cette ville; quel parti le gouvernement n'aurait-il pas tiré, en ce moment, de ses transports et de ceux appartenant aux entreprises particulières, pour envoyer subitement des renforts sur les lieux! Voyez ce départ s'exécuter de nuit ou de jour, en silence, instantanément; voyez les révoltés frappés d'effroi à l'apparition soudaine d'une force d'élite et dévouée qu'ils n'avaient pas comptée!

Il y a, dans l'application des chemins de fer, organisés, pour ainsi dire, comme la marine de l'état et du commerce, quelque chose de grand pour l'avenir.

La coopération du génie civil et du génie militaire dans les grands travaux publics résout, pour la France et l'époque, l'important problème de l'emploi des soldats de l'armée d'infanterie à ces travaux. Non seulement les régiments du génie devraient être toujours au complet; car on ne saurait avoir trop d'hommes intelligents; mais chaque corps d'infanterie de ligne et légère de l'armée, après une première et bonne instruction de leur arme donnée, devrait envoyer en subsistance dans les bataillons du génie, pendant deux années, un certain nombre d'hommes. Alors, au moyen de cette grande augmentation dans son effectif, le génie exécuterait d'immenses ouvrages avec économie et célérité; les colonels d'infanterie n'auraient plus à redouter l'indiscipline de leurs soldats, ainsi que la perte et l'usure de leurs effets d'habillement, ni à signaler le dégoût en général des officiers de cette arme pour ce genre d'occupation; objections

---

(1) Indépendamment de tout ce qui concerne le terrassement; bientôt aussi ils deviendraient aptes à construire les machines dont on peut pressentir l'emploi à la guerre.

(2) Un certain nombre d'individus, réunis en même temps des deux côtés de la frontière et sur un même passage, pourrait donner lieu à de grands embarras pour la vérification des marchandises.

(3) Un personnel aussi nombreux que celui qui existe dans l'administration du chemin de fer de Saint-Germain en élève beaucoup trop la dépense; sur une longue ligne, dans les mêmes proportions, il deviendrait accablant; mais on est forcé d'y avoir recours pour rassurer la population entière sur des dangers réels ou apparents.

qu'ils ont tous faites dans les divers essais qui ont eu lieu jusqu'à présent. Les soldats trouveraient, dans un léger supplément à leur solde, un grand encouragement et le moyen d'augmenter leur masse; les corps eux-mêmes y gagneraient, après les deux ans expirés, des soldats plus habiles et plus robustes; enfin, dans les travaux à la guerre, en face de l'ennemi, lors des campements et des siéges, unis aux sapeurs, mineurs et pionniers, ainsi que le besoin souvent en est, en apportant plus d'aptitude et de vigueur dans l'exécution des ordres, ils épargneraient le temps, et par là diminueraient les chances de dangers; ils auraient donc servi, pendant tout le temps de leur présence sous les drapeaux, à la prospérité et à la gloire de leur pays, dont, devenus citoyens, ils en récolteraient aussi les fruits. Messieurs, sans la puissance de ces bras et l'intelligente capacité du génie militaire, abrégeant le temps et abaissant le prix de journée, les capitaux employés dans les grands travaux ne donneront jamais quatre pour cent net. Le gouvernement est donc, à cet égard, ou peut y mettre une entreprise, dans la position seule capable d'arriver à une fin avantageuse à tout le monde, tant sous le rapport financier que sous celui des nouveaux besoins de la civilisation.

Il n'existe encore dans aucun pays de voies en fer complètes, c'est-à-dire partant du centre du gouvernement et allant aux extrémités de son territoire, de manière à être en contact avec le territoire voisin, il n'y a que des vaisseaux; le corps attend encore les veines et les artères. Serait-il donc à propos d'arrêter des conditions à de longs termes, quand on n'a pas d'échelle pour en calculer la portée et les conséquences ?

Que le gouvernement se hâte d'expérimenter, et, à cet effet, ce qu'il y a de plus urgent, de moins coûteux à entreprendre, c'est, en premier lieu, d'aller droit à la mer par la ligne la plus courte, c'est-à-dire de Paris au Tréport, dont le parcours réduit est d'environ trente-huit lieues. On dira : mais Rouen! mais le Havre! Dieppe! Boulogne! marchez toujours; Rouen, le Havre, Dieppe, Boulogne se mettront avant peu, par terre et par mer, en communication avec votre ligne royale; de nouveaux établissements seront fondés sur ce point ; bientôt quelques denrées auront déjà baissé de prix à Paris.

Choisissez dans une autre direction, Bruxelles, et ne restez pas indécis entre les villes d'Arras, d'Amiens, Saint-Quentin, Reims...., que vous ne pouvez pas toutes contenter ; allez droit au but par Laon et Avesnes! Aussitôt dix, vingt embranchements réclamés à titre égal prouveront, en suivant les données vraies de la science, que vous satisfaites au vœu général dans cette nouvelle branche des services publics, qui aura, on ne saurait trop le dire, une grande influence sur la puissance future de la France.

Vous voici en mesure, Messieurs, de bien juger la pensée financière et l'ensemble des considérations qui ressortent de ce travail; leur efficacité vous apparaît sous deux faces également profitables au crédit public; leur but vous a été développé en vue générale de donner la plus grande extension et impulsion aux travaux ; enfin vous y trouvez la solution des plus graves questions que le sujet comporte, d'accord avec les sages intérêts de progrès et de grandeur que vous aimez à protéger ; mais un tel effort, qu'excite seul le *mieux être* du pays, n'aurait de portée ni de succès qu'autant que dans la discus-

sion qui va s'ouvrir prochainement sous vos yeux, ainsi que la maturité des projets
l'annonce, il obtiendrait la faveur de votre suffrage et de votre honorable appui,
et qu'il aurait aussi, en même temps, le mérite de fixer l'attention de Messieurs les
ministres.

Veuillez bien recevoir, Messieurs, l'hommage de la haute considération et du pro-
fond respect

De votre dévoué concitoyen

BONAFOUS.

Paris, le 7 novembre 1837.

BIBLIOTHÈQUE IMPÉRIALE IMPR.

BIBLIOTHÈQUE ROYALE
I

www.ingramcontent.com/pod-product-compliance
Lightning Source LLC
Chambersburg PA
CBHW061846060726
47597CB00008B/3607